AF275968

EL REFLEJO DEL LAGO

EL REFLEJO DEL LAGO

MILETH ZAMORA

Valparaíso
EDICIONES

Número 463 de la Colección VALPARAÍSO DE POESÍA
dirigida por FEDERICO DÍAZ-GRANADOS

Diseño de portada: Chari Nogales
www.charidisonadora.com
Imagen de portada: Janina Caso

Primera edición: Enero de 2025

© De los poemas: Mileth Zamora

© Valparaíso Ediciones
C/ Fray Leopoldo, 7 bajo, 18014 Granada
www.valparaisoediciones.es

ISBN: 979-13-87538-10-1
Depósito Legal: GR 89-2025

Impreso en España - *Printed in Spain*
Gráficas Gami

EL REFLEJO DEL LAGO

SOLO HAY UNA PALABRA
PARA DECIR TE AMO

Buscando otras realidades
aprendí el arte de escribir
respirar las palabras
llegaron a mi vida
en mi principio
 Mamá, papá, hola, árbol
  nombrando la existencia

Me definí como demiurga
para los personajes que solo mis ojos han leído
de los mundos que he creado
cumpliendo sus expectativas
imitando sus haceres

En mis venas cargo más que sangre
palabras fluyen en ella
a veces buscando la perfección
entre adjetivos, pronombres y verbos
en otras ocasiones
 gritando
  la existencia que me cuesta materializar

Pídeme expresión y de mis brazos el parto
para cualquier mundo que visites
con mi borrador
que ha sido rasgado, tachado
y cien veces corregido

Todo hasta que llegaste tú
me hiciste enemiga del diccionario
     y te odiaría
     por ser una más
     de la colección de poemas
     canciones
     y cartas del corazón

Que se desperdiciaron
dedicadas a otras personas
No puedo pensar fuera de frases repetidas
lugares comunes
oraciones dichas a otros

Se invalidó mi auto-definición
     porque en el momento
          que supe que te amaba
               fue cuando no pude expresarlo en palabras

Y ahora me doy cuenta
no existe una palabra
en ningún idioma o dialecto
más correcta para expresar el amor
     que tu nombre

VERTE EN MIS OJOS

Tú
la combinación perfecta entre ideales doblados
que te permiten tomar
el globo del mundo por tu mano
para clavar colmillos

Tu amor a la vida
que se contagia
o al menos
con tenerte en mi vida
me hacías amarla

Del ser, del tú y de la filosofía
en palabras no te puedo definir
me obligo a ser poeta
y escribirte

Eres
y eso es lo más espléndido
tu ser

de donde nace el raciocinio
viajas más rápido
conoces la pista tres veces
en mi punto de partida

eres música en vida
bailando con las sombras

que levanta de los asientos
con ataques energizantes
donde corremos los mortales
    y no alcanzamos tus impulsos

el carisma en persona
con la seducción discreta
dejando halagados
por donde pasas

eres la lluvia entera
refrescante
vida
    aunque a veces te confundan
    con gotera

conjunto de proyectos apilados
en tu habitación
capaces de cambiar realidades

eres la naturaleza
con tu amor a perros
    acompañado
    de su inocencia

Eres
y eso es lo más espléndido

AL FONDO

En tu distracción
pongo lado a lado
tu fotografía arrugada
que hace dos años me acompaña
analizo tus facciones
el triángulo de tus lunares
nada parece haber cambiado
aún así
dispar

Pero me aferro
a tardes de juegos de mesa
paseos en patines
y tus deseos de escuchar
las danzas de mis cuerdas vocales
    me aferro
    a los lugares
donde mi respiración
    chocó con tu pecho
        me aferro
        a los miedos
        que me has contado
        al fondo de botellas
            me aferro
            a ti
            pero no a este
            sino a aquel

Con palas y pinzas te has esforzado
de a poco
me lo arrebatas
de las manos

NO MIENTO CUANDO DIGO
QUE CONOZCO TU MIRADA

Cuando el valor se te cae por los muslos
lo que te sostiene es el sonido de la respiración
apenas se adivina
                  parece que dudas

He encontrado esos espejos
que muestras a todos
destellos
reflejando al otro
más barreras que puertas
cuando te miran se miran ellos.

"¡Pero qué atento!"
Piensan ensimismados
te vuelves su lago favorito
dispuestos a caer se contemplan

Pero a mí
 me evitas
        me huyes
sabes que no funciona
        porque te quiebras
frente a mí
como la vida que mueve el agua
      y en espiral te alzas
   soy la playa
      descanso y pausa

un respiro

Es necesario el silencio
    para que baje la marea
        contemplemos juntos el fondo
                no hay máscaras
y esos espejos se vuelven ventanas

Y es ahí
sin cortinas, sin espejos
que te encuentro
A veces me dices
que lo sientes
pero no puedes
con una sonrisa te contesto
que no miento cuando digo
que conozco tu mirada.

EL CIRCO SIN SONRISAS

¡Mírame!

Así me uní al circo
buscando el apodo
que colgaría
a los pies de mi manta
que el maestro de ceremonias
nunca eligió

Todas las noches monté
un espectáculo nuevo
tras vomitar en las cubetas
vacías de cacahuates
    la arena se encendía
    y al no tener anuncio
    las cejas condenaban mis primeros pasos

¡Quiéreme!

Burlé los marcadores
me permitía ver y solo ver a mi audiencia
los días con más nostalgia
volé por las cuerdas
de las cuales no me sabía tomar
para que cuando inevitablemente cayera
las carcajadas
me acompañaran en mis sismos

Los días que Pete Walker se sentaba
en primera fila de platea

mi voz lo ocultaba
y me disponía a tomar
adivinanzas de que sería mi acto
    esperando el aplauso fuerte
    a la sugerencia
    más ilógica

                ¡Ámame!

Pude soportar
las costillas rotas
los esguinces en mis pies
las caídas de elefantes
y mascarillas de tomates
    pero el día que mi anillo de malabares
    resbaló en tus palomitas
    tomaste tu abrigo y nunca regresaste
    a mi circo

           ¿Y ahora quién querrá ver mi acto?

FLORERO AZUL

Vuelves
con florero en mano
El azul contrasta con los blancos tulipanes
La sonrisa que suspira
un retorno y el descanso
Te cedo mis latidos

Melodiosas historias
cantos del mundo
    llenando la inmóvil sala
especies del globo
    bailando entre los estantes
y esta alma pesada
incapaz de poner los pies en polvorosa

Eco de los pasos desvaneciendo
Como cazador
    dejando la temporada
sonrisa en cara
mientras el bosque
sostiene lo olvidado

Tiempo
días y meses
restregando en cara
sueños y metas
plasmados en un simple calendario
o en el reloj incesante

o cada atardecer
gritando: ¡ya no fue!

Cadáver de las flores
    asustando lo agradable
    de mi hogar
y mi abrigo
dejando el closet atrás

Aquí
donde todo y nada
vida surge, vida muere
la montaña
    que no habrá visto ya
    esta historia
    cien y más

Pero aún así
sé que volverás
con florero en mano
un azul
que contraste los blancos tulipanes

ACTO II

Parada en el círculo de fuego
a donde caminé con mis propios pies
seguí tus instrucciones
me senté al centro

y te vi quemar mis puentes
de pronto no tenía amigos
mi familia no me hablaba

¡Innovador!
¡Nunca antes visto!
¡Un elefante cruzando el aro de fuego!
¡Aplausos para el domador!

Dejaste el público
para así controlar los actos

Hay días en los que los leones me animan
entonces saltar es más fácil
y otros en los que sus sonrisas
parecen amenaza

no hay más, debo saltar
porque ya no noto
el círculo de fuego
la ausencia de puentes
ni que existe un público

EL MISTERIO DE LA SONRISA
SIN EXPLICACIÓN

No importa la ocasión
si azules, rojos o simples jeans
si tacones o botines
lo importante para ti
siempre es la distancia necesaria
para que nuestros ojos no rocen

Entre carpetas me mantienes
leyéndome a luz de velas
para que no se note la oficina
con luces prendidas

Me susurras mil "te amo"s
me acaricias en la cima
mi nombre entrecortado
y prefieres el segundo
para que no sepan de quien hablas

Al volante me pides que me agache
para que no se vea copiloto alguno
y puedas rondar sin explicaciones

En la puerta de mi casa te saludan
y mis hermanos preguntan
por tu estado
mientras que yo entro a tu hogar

con luces apagadas
y ausencia de maletas

Aun así lo acepto

EN LO QUE NOS HEMOS CONVERTIDO

La baja temperatura se envuelve a mi cuerpo
el polvo que rodea la habitación
me hace preguntarme cómo se acumula tanto

Mi piel ya no reconoce el frío
parezco petrificada
lo único que muevo son los ojos
porque me has adiestrado a la perfección
ahora sé que mis expresiones nunca tendrán efecto

Sabes que mi vista se ha acostumbrado a la oscuridad
en unos días podré distinguir la puerta
y en unos más la alcanzaré

Esta habitación
con la que te volviste arquitecto
y colocaste
una vela al centro

¡Hoy la encendiste!

Un beso.

Me deslumbra
pierdo la visión del resto
y me aferro al calor
sin importar que pronto
me recordará lo que es vivir en hielo

CAMPESINO, QUÍMICO, SERICULTURISTA, ESQUILADOR, SASTRE Y FINALMENTE ILUSTRE CABALLERO

Me sometiste a desmote
filtrando semillas
y material no deseado
para conseguir el algodón

Obtuviste el aceite natural
perforando mis océanos
hasta poder fundirlo
en líquido
y en tus manos posar el hilo de poliéster

Destruiste mis capullos
para tomar las larvas de la polilla
y llamarte capitán
de la ruta de seda

Arrancaste la fibra suave
y rizada
que me protegía
mi lana

En tu estudio
de autorretratos
y no más que trofeos
me creaste por partes

a medida
sin encargo

Tu abrigo perfecto
que te acompañó cada enero
y cubrió cada fracción
de tu piel adorada

Pero bastó 20 de marzo
y conocí los ganchos de mi destino
observé las visitas
que no necesitaban arreglos ni puntadas
me hundí al final del ropero
pero susurré la promesa
"aquí estaré el próximo invierno".

INFIDELIDAD

Es imposible no saber
por más vendas
lentes
y sombrillas
    pero si la luz no tocaba mi piel
    no debía existir
amé moverme en las sombras
    ahí me convertí en amiga del polvo
    de los anónimos
    de miedosos
    y exiliados

Sin interrogatorio
ni misa
lo confesaste
no por culpa
pero buscando agrado
que conocieran tu penitencia
      y así ardió mi piel
      las palabras de la informante
      me calcinaron

    "...el día que te pidió irte"
        "...la noche..."
            "...amiga de..."

Tostada
Escaldada
Carbonizada

En llagas
pero en luz
para verlas
para verme

NO CORRESPONDIDO

El peso de la expectativa
soltaba mis manos
para notar lo ligeras que estaban

Tu mueca de confusión
y tus gritos apasionados
de mariachi
no son para mí los paisajes
ni las melodías
son para ella

Ella, que has perfeccionado
a la cual le has cosido
cien vestidos
y compuesto
tres canciones

Ella, que suena a brisa
y sabe a manzanilla
Yo, que sueno a céfiro
y con sabor a jacaranda
Ella que no existe
Yo que respiro

Espero señale la ironía de tu camisa
y la carretera
que nuestros caminos recorridos
te hagan principiante

que su jardín no necesite palas
ni sus poemas correcciones

Deseo que sangre fluya por sus venas
que recuerde los ayeres
y que su calle dé a tu avenida

Eso que tú esperas
Te lo deseo
Y te suelto como he soltado a muchos
Perdida en detalles que ahora sabré para siempre de ti
Encantada, fascinada
Pero sin que encontraran fascinación en mí

VERME EN TUS OJOS

El que ama
se levanta, lo hace y ya

He tratado de
asfixiar
sepultar
            enterrar
estas emociones

Desearía que no me ardiera la piel cuando encajas tus uñas,
me gustaría que no me pesara el pecho cuando ruges en mi cara

mi pecho
            en el que residen mil laberintos
            donde no puedo encontrar
            qué es lo que realmente siento

A veces creo
que he crecido con fantasmas
y soy capaz de detectar su entorno
      el frío, los grises
      el polvo acumulado bajo mis pies,
      los suspiros lentos con miradas perdidas
así cada vez que finges que no estoy
o decidas que es mejor pasar los días sin tener noticias de mí

te volviste un fantasma conmigo

de tu diversión me convertí en tu acecho nocturno
en tantas noches de angustia,
de llantos exagerados que cortaban mi respiración
de sentir tus manos aplastando mi cuello
y levantar la cabeza buscando oxígeno
buscando el cielo para pedir que se fuera mi sufrimiento

lograbas eso en mí, sin poner una mano encima

De mi vida, desdicha
guiada únicamente por el corazón
me pregunto
    "¿cuándo mis manos dejaron de pesar?
    ¿dónde derramé el amor que nos tenía?"

Quise tocar lo más alto
amor
pero con mis virtudes
inteligencia y sed de justicia
no bastó

Me paro frente a tí
reflejo en tu mirada
mi cuerpo malabareando
las palabras
"insuficiente" e "insatisfacción"
se me acaba el amor
de verme en tus ojos

BAJAS TEMPERATURAS

"¿Por qué tanto tiempo?"
Morí las veces suficientes para renacer
ahora puedo cabalgar junto a esos cuerpos
simplemente para pasarlos
y finalmente cruzar los portones de esta ciudad

Uno de los últimos cadáveres
fue el que noté con mis manos
    huías de ellas
        ahuyentado por el frío
esas que una vez crearon poesía
        heladas
las que te sostuvieron en tantas caídas
           inmóviles
esas que limpiaron tus lágrimas
          azules

El consuelo no existía en mí
un alma en pena tortura
    pero nunca a ti
me encerré tras rejas
y golpeé cada cosa de mí

"¿por qué no me ama?"

noche tras noche
me convertí en mi propio verdugo
para en la mañana tratar de acariciarte
        y que huyeras

LA PUERTA FUGITIVA

Ayer abrí la puerta de salida
el viento glaciar de no tenerte en mi vida
me empujaba dentro de nuestra casa
y tus gritos me arrojaban al frío

Hoy no hay puerta
no hay gritos
ayer no existió

LO QUE QUEDA

Escalamos montañas
directo a roca
donde había aprendido en plástico
y nuestros pesos
crearon equilibrio en las sogas

Por primera vez no fui desesperada
porque temía al sudor y caída
más que por la mía, quise cuidarte
gocé cada metro elevado
mucho más que la cima
que ni aparecía en mis ideas

Tus descuidos en brincos
me lastimaron las manos
trayendo la sangre a piedra

Mi torpeza que una vez amaste
comenzaba a pesar más
de lo que podías cargar

Me acariciaste
cien veces y cien más
para un día notar que tus juegos con el arnés
eran para desabrocharlo

El beso fugaz
con la vida de tus ojos
bajaste
      "Perdón, no puedo seguir.
Deberíamos bajar."

Tú bajaste, yo no
poleas desgastadas
mis dedos desgarrados
grietas en las manos
eran el único recordatorio
de que existimos

Fiestas de búsqueda
visitas tuyas
rescastistas y primeras planas
escaleras de ganchos tras sirenas de bomberos
sogas y cuerdas lanzadas para mi rescate

Pero necesitaba sentarme con
el dolor de mis piernas
el temblor en mis dedos
lo que quedaba

"No se preocupen,
en un punto los alcanzo"

YA NO TE AMO

El día que te vi marchar por primera vez
conocí los temblores que acechan al cuerpo
las lágrimas involuntarias
y los machetes de cuerdas vocales
es por eso que acepté tu estadía en el umbral
y te deje entrar con otras en brazos
a las habitaciones de mi casa
porque todo parecía mejor
a lugares desiertos

Escuchar tus pasos sobre el piso mojado
dejándome atrás
y la fría brisa recibiendo a mi piel
creó memorias
donde mis piernas juraron
dejar de perseguirte

Estaba acostumbrada a mirarte bajo mi umbral
nunca un paso más ni uno menos
justo a la mitad
ahí donde no podía salir
ni nadie más entrar

Mis ofertas de té fueron rechazadas
así como todas las recetas
de aquel libro de cocina
únicamente la lluvia te dejaba entrar un poco más
pero advirtiendo que no me acercara

En vez de sentirse mi hogar
comencé a sentir las barras metálicas
el sol ya no cruzaba
y por desesperación te empujé
sabiendo que nunca tendría las fuerzas
de perseguirte
o volverte a dejar entrar
porque al escuchar

                                    "Ya no te amo"

dudé de todo existir
y no estoy dispuesta
a ser chef
hostess
o lo que sea
que me recuerde
esa escena

LA CASA DEL PROCESO

Cierro ventanas y puertas
cuando no estoy en casa
evito las o's de tu nombre
pero en soledad las recito
en cada pasillo

La casa de hechizos y maldiciones no es mejor
llena de espectros
me he acostumbrado a sus telarañas
así como al cadáver que yace cada vez que me siento

Aún amo el sonido de tus pies
arrastrándose por toda la casa
cada vez menos frecuente
remplazado por el susurro de tu auto
partiendo de mi calle
aunque lo intento no te alcanzo
y detesto el pavimento
porque no puedo caminar descalza

Las sombras no se limitan a mis sueños
me poseen:
cocino nuestros platillos
canto nuestras canciones
y escribo nuestros mensajes

Si vas a volver para irte
¡Te destierro!

¡Toma todo!
¡Pero ya vete!

No viviré en esta casa de persianas bajas
pero mientras me quede
puedo admitir
que aún me duele perderte

YA NO AMAS A LOS PERROS

Ya no amas a los perros
Tú, de todo el mundo, ya no amas a los perros
¿Cómo ha sido esto posible?

Yo no los amaba
Me hiciste hacerlo
Tal vez porque compartían esa inocencia

Con tus alegatos y argumentos los amé
Con tu mirada llena de amor creí en su encanto
En toda ocasión en todos lados
algo de ellos había en ti.
Te significaban todos los momentos que compartías con ellos;

Los juegos y paseos
                    te daban razones suficientes
Y sus partidas te dolían
más de lo que sabías que algo podría doler

Ya no amas a los perros
y tus jueves son para beber
arrebatas a la vida de paz
tus palabras no son consuelo
impetuoso e impredecible
si no traicionas te vas

A veces te veo
estando con ellos

y rezo por un gesto
una caricia
o algo que muestre empatía
ni te inmutas ni sientes
solo me doy cuenta
ya no amas a los perros

Ya no amas a los perros
    y tus promesas se vuelven falsas
    corres por instinto
    perdido en un mundo de placeres
    las personas como etapas
    caprichos y gemidos

Me enamoré cuando amabas a los perros
de quien los amaba
suena imposible
que alguien pueda amarte ahora
conociéndote y enamorándose
de esta versión tuya
que no ama a los perros

En mi soledad
de pensamientos e ideas imparables
me pregunto inclusive
si alguna vez
realmente los amaste

TAL VEZ

De brazos alargados, sonrisa en cara
disposición a aclamar,
        abrazar,
        acariciar,
        amar

pero nada bastó para ser el sí
y me convertí en tal vez,
        quizás,
algún día

LAS VÍAS DE ASFALTO
QUE HE RECORRIDO

El impacto de las gotas
contra los cristales y el metal
el cielo nocturno
y el gozo de la canción más bella
tu mano entre las mías
y el calor que desprende tu alma
entrelazándose a mí
detenidos

Mis lágrimas no me permitieron
ver la intersección
entre "Decir te amo" y "Verte en mis ojos"
fue tan grande tu impacto
que hasta que descendiste
noté que no estaba ella
    la que ama
    y brilla en ese amor

La yo, que nació un febrero
tras besos tuyos
y una larga conversación

A pesar de que he tratado
de separar distancias kilométricas
de quien era en ese momento
la envidio
no por ti

ni las luces fluorescentes que te gustaba ignorar
pero por ella

No hay retorno
nunca lo habrá
y he querido llamar amor
a lo que sea que me acerque a esa versión
y me extraño
no tienes idea en qué grado

La busco por todos lados
y en ese intento
me he convertido en autoestopista
compartiendo pequeñas carreteras
o estrechos
simulando que ahí está ella
para simplemente ser botada
en el destino que ellos deciden

Todas las sombras
y augurios que siguieron las carreteras
por años
se han ido
pero sé que para alcanzarla
tendré que aceptarlos en mi mapa
a aquellos con lo que puedo compartir viajes
ser de nuevo copiloto o conductora
pero aún no me atrevo

El polvo corriendo de las llantas
la cubrió

y ha estado en mí cavar
pero ella me elude
incapaz de escucharme
si no le hablo de ti
porque solo así
muestra roces efímeros

Esa yo
no te ama
ni yo
pero es adicción
simplemente la ruta
marcada en mi mapa

Me pregunto si en el camino se mostrará
y me saludará desde la ventana
de un coche cargado de bicicletas
o simplemente ha abandonado las carreteras

Pero no está
y las noches de desvelos
la tensión de los brazos tras horas al volante,
la confusión de pedales
me han agotado
y así como te perdí entre las líneas de alta,
decido dejarla
no convencida
de que aparecerá algún día

AL VACÍO DE LAS NOCHES

En el cuarto vacío perdí total sensibilidad
perdí la distinción entre la luz y oscuridad
el frío y el calor
donde lo único que quedaba
era buscar las esquinas
pero, ¿qué importaba?

estímulo
Agente físico, químico, mecánico, etc,
que desencadena una reacción funcional en un organismo.

Pequeñas manchas
en el cuarto incoloro

abuso
uso o tratamiento inadecuado de una cosa,
a menudo para obtener un beneficio.

Abusé de los desvelos
para sentir sueño
solo así
ser capaz
de caer dormida

En deseos
de llenar mis cavidades
comí con ojos cerrados
donde la única forma de parar
era con lágrimas

incapaz de digerir
mi nueva realidad

Noches de sollozos

nicotina

Alcaloide tóxico del tabaco, que provoca hipertensión arterial,
taquicardia y estimula el sistema nervioso central, induciendo
adicción o tabaquismo.

La neblina comprimida
me recordó sobre la respiración
cuando sentía que me ahogaba
    así que dancé con el humo
    hacia abajo

alcohol

Líquido incoloro, inflamable y soluble en agua, que se obtiene
de la fermentación de productos naturales ricos en hidratos de
carbono, componente fundamental de las bebidas alcohólicas.

Cada mañana levanté el peso de pirámides en mi cabeza
y la vergüenza de mis acciones
enrojecimiento de la cara
con encogimiento de arterias
me recordaba que había vida
    solo así se alejaba
    mi verdadera pena

tu ausencia

abuso del alcohol
Persona que aún no depende físicamente de la sustancia pero aún así tiene el patrón de beber demasiado alcohol con frecuencia.

Arrojaste cada manto protector
y dejaste de lado todas las telas
que cubrían de mí
al verme huiste
lo roto que llevaba años ocultando
ya no más
Si tú partiste,
llenaré el cuerpo
para ahogar, aplastar, asesinar
lo que sea que viste

estímulo
Agente físico, químico, mecánico, etc, que usé para hacer reaccionar a mi organismo

A VECES TEMO,
QUE NUNCA ME AMEN COMO AMO

Los trazos que las mías trataron de borrar
recordándome
"Tienes una forma tan bonita de amar"

Entonces lo temí
si de pasadizos, obstáculos y campos de batalla
de noches de mi estómago comerse a sí mismo
repetidamente
si de sonrisas forzadas
y aceptar montañas cuando solo buscaba calma
si de preguntar a espejos que nunca dan respuesta
y solo muestran miseria
si de pulmones apretados
incapaces de obtener aire
si de rogar por caricias
y obtener burlas
si de eso iba
    no

Perdida en la respuesta
acomodé las piezas
pensando en estrategias
rogando por un amor como el que doy
preguntándome si llegará el día
que alguien desborde su existencia
para compartir su vida
con la mía

Hasta que me susurré
que la que tenía bonita forma de amar
eras tú
no él

Entonces me miré
absorbí todo lo que había
abracé los brazos que cargaron con tus cadáveres
leí los poemas que nunca te dignaste a escuchar
reí de mí comedia que odiabas
escuché la sabiduría de mi intuición
me regalé descansos
canté mis canciones
tomé caminatas
y aprendí a recibir el amor
que buscaba darte

ELLA

Juré
La luna me odia
porque nací de noche

Caminé sin trenzar mi pelo
y sin saber de los centímetros extras
que albergaba mi espalda
con la esperanza que ocultaran
el frente de mi cuerpo

Las sonrisas de todas
    falsas
¿Qué es lo que soy?

Entonces no hubo caricia verdadera
halago
o consejo

Mi madre explicó las reglas
de aquel juego de manos agachadas
y sonrisas espeluznantes
    entonces entendí
      por qué no dejaba la casa

Aprendí a detectar estrategias,
motivaciones
y escuché de sus ojos, deseos
    más de aquellas
    que juraban no tener alguno

Escondí esponjas,
cuchillos
y recetarios

Corrí más rápido
que de cualquier persecución
alcanzando simples trazos
de lo que un día fueron huellas
    así entendí
    por qué sangramos

Si todas querían verme abajo
me sentaré con ellos
    a los cuales nunca han callado
    ni pedido que bajen la voz
me codearé con bravos
    que beben sus noches
    y no ven más que cuerpos
cederé a sus anhelos
    ya que
la luna me odia
    porque nací de noche

NADA

Le temo a la noche
porque solo en mí habitaban
las expectativas
de la ciudad bajo la luna

Saludo al sol cada mañana
porque mi sombra
se despidió tantas veces
entre *no me importa* genuinos

En mi plenitud bailo con la vida
por las veces donde no sentí sufrimiento humano
y me limité a girar
    porque no existía la pena

pero entre pasos
    los estímulos entraban a la tumba que llamaba cuerpo
    y por segundos no helaba

Mis reuniones son en casa
sin luces ni bocinas
porque entre ritmos y leds
nada fue alarmante,
más bien congruente a la edad
lo dispar se acercaba
en mis fantasías
    esas que nunca conté

Abrazo mi identidad mientras recuerdo
que desprecié a todo lo que llevaba mi nombre
así que cargué con el peso de ser yo
me llevé a barrios desiertos
a casas de adictos
y rincones que no conocen la luz
    para que cuando alguien diera un mal giro
    hacer mi salida triunfal
Sé que soy todo
porque ya fui nada

EL REFLEJO QUE MÁS TEMÍA

No diré que fue el día que escuché tus pasos partir
pero el lago de mis lágrimas creció
hasta que pude ver mi reflejo
las marcas de tus manos en mi cuello
mis ojos, que no te dignabas a ver, me encontraron
pasaron tres días
inmóvil, atónita
¿Cómo llegué así?

un nuevo tipo de lágrimas
estas que no lloran por tu fantasma acechándome
ni por

el vacío

lágrimas de compasión
de preguntas
de abrazo

¿Cómo llegué aquí?
y lloré
por la niña que pedía abrazos
por la joven que evitaba espejos
por la mujer que te cedió su poder

Así supe que era mi única oportunidad
si así lo decidía
porque al verme y realmente encontrarme
podría pasar cada suspiro cavando mi tumba
o con esos huesos sin calcio
levantar toneladas

No sabré el número de derrumbes
que mi cuerpo soportó
bajo pesadas vigas
y ladrillos

Así comenzó la excavación
de tierra
a arena
a lodo

El sonido de mi pala
y de mis garras
no era el habitual
era algo más

Me llamaron loca,
egoísta,
violenta,
y temeraria

Alerté a las sanadoras
y del bosque mis mujeres
conmigo para siempre

"Yo excavé más y no encontré
    más que mugre"
Mi dadora los calló con su pala
y las que cargan con mis ancestras
se unieron
    excavamos
hasta quedarnos sin aliento
y encontrarnos a los causantes
fascinados

Un sonido nos detuvo de inmediato
y cada quien entendió
que tras excavar
podíamos nadar en soledad

Así caí en mí
río subterráneo
sanación de las heridas del impacto
agua que fluye

Caí en la mesa de relatos
y escribí este poemario
Bebí los minerales
y los restos de agave se evaporaron
Caminé por las cuevas
levantando cadáveres y heridas
para ofrecerlas a Niké
Lloré tres mares
y pulí las piedras
Desde el fondo hasta arriba
rompí el techo

no era edifico
yo soy vida

Admiré las calizas
no miré a Atlas
me vi a mí

¿CUÁNTOS AÑOS TENGO?

Antes de saber elegir
monté en mi cuna una nave
viajé por tierras de cuero y zapatos
para cambiar de paisajes
a ciudades de arcos
a ciudades de playas
a ciudades de museos

Esa niña
de cuatro
de cinco
de seis
tomó el mando
y la dejé
porque en su mundo
donde los únicos protagonistas
eran mis padres
permití que las heridas
que no afectarían a ningún adulto
me guiaran

Desconecté el piloto automático
y me amarré los satélites a las alas
jugué con las averías e ignoré el desgaste
La edad de conectar
cerebro y corazón
fue mi santuario
no de paz, pero de existencia

Dudé si faltaba líquido en la rueda de reacción
comenzó a sentirse duro
y mis brazos chillaban
porque la navegación por mundos
ahora me agotaba
me compré el papel de capitana
y recogiendo los restos de otras naves
y pasajeros que no se quedaban
olvidé ceder el lugar
ni enseñé a nadie a manejar

"¿Cuántos años tengo cuando espero
ser salvada? Como en los cuentos"

como una niña jugando a la casita:
el amor
el dinero
las responsabilidades
Pero no es un juego
la nave que no avanza
haciendo lo que las niñas hacen.

"¿Cuántos años tengo cuando me llevo
a la extrema explosión? Sólo es una pataleta"

con ojos de infante
ignoré la negligencia
deleitando al público
con buenos comportamientos

"¿Cuántos años tengo cuando dejo de hablarle
en vez de expresar molestia? Solo es la ley del hielo"

Tan pesado estaba ya
la nave ya no avanzaba
la gravedad haciendo de las suyas
cuando el combustible se acabó
el asiento quedaba grande
y la niña lloraba
no podía seguir avanzando
tomé el turno
bajé las cargas
solté los cañones
y pude avanzar

Así que la bajé del asiento
y hasta pasados los 20
asumí mi lugar

No se preocupen
ella ya juega y ríe como siempre debió
sus muñecas en naves

el volante a cargo de
alguien capaz

BENDICIÓN DESDE UDÁRA

Detuve los tornados
y respire como el bosque
con las hojas alzándose
para solo caer
y regresar danzando en el viento

Bajé al centro
cruzando desde la corteza
cubierta del polvo que la compone
para adentrarme en la viscosidad del manto
que se juntó con el polvo hasta el núcleo
así fundió todo rastro de materia
y de quien era
arribé, aceptando el regalo
de la madre tierra

Subí en burbuja a mi cuerpo
y la línea cruzó de mis pies
a la cabeza

Sobrepasé la atmósfera
crucé las estrellas
las fronteras del universo
la sustancia gelatinosa
un gas rosado
y los sinfines del Universo
    llegué al séptimo
    entendí de lo que hablaba Platón

en su arché
Belleza

Caminé y me encontré a mi madre
con la suya por detrás
la suya por detrás
la suya por detrás
hasta llegar a la primera mujer
de mi línea

"Gracias y espero que con buenos ojos
vean que haré las cosas de forma diferente"

Tras honrar sus elecciones
las recibí
me rendí ante la vida

Salí de círculos y laberintos
para marcar líneas insensatas
y poner luz
en caminos desconocidos

Observé tras de mi hombro
sus manos en mi espalda
siempre acompañada de ellas
mis mujeres

NO TE ESCRIBO

Mi tinta o teclas no te pertenecen
este libro no es tuyo
es mío y de ellas
    con síndrome de niña buena
    que ponen la otra mejilla
       no por convicción
    porque creen que así lo merecen

    que no tienen precio
    y son parte de cualquier subasta

    que antes de saber caminar
    tenían piernas cortadas

    las que reprochan a la luna
    susurran a las plantas
    y no pueden ver su reflejo en el lago

    que no se saben artistas
    hasta que lloran en páginas, lienzos o melodías

    las que no ven la perfección de la creación

    ellas que en los pisos lloran
    para después limpiarlos

    que no preguntan ni viven
    solo existen

que no conocen el amor
y las pueden confundir con cualquier definición

A ellas.

COMO HAYA PÁGINAS

Pueden ser otros 22 años
una enorme cantidad de meses
tres primaveras más
o todo lo que queda
    entre el 2001 de mi nacimiento
    -
    y el año de mi entierro

En esa línea se albergan
las carcajadas que aún no me han provocado
las terapeutas que no conozco todavía
las clases que no he cursado
y las flores
que todavía no he plantado

Me disculpo
pero debo darle fin
aún sabiendo que el proceso no acaba
porque sino habría cuantas páginas
como años de vida

ÍNDICE